AF126406

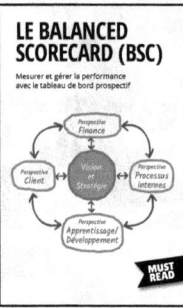
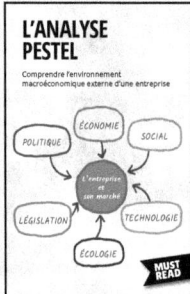

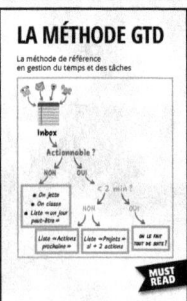

Une publication de Peter Lanore

LA MATRICE ANSOFF

Planification stratégique
et évaluation des options de développement

LA MATRICE ANSOFF

INTRODUCTION

La matrice Ansoff, également connue sous le nom de matrice de croissance Ansoff, est un outil de planification stratégique qui aide les entreprises à identifier les options de croissance pour leur entreprise en fonction de leur marché et de leurs produits.

L'histoire de la matrice Ansoff remonte à 1957, lorsque le stratège d'entreprise Igor Ansoff a publié un article intitulé « Stratégies de diversification » dans la *Harvard Business Review*. Dans cet article, Ansoff a présenté une méthode pour aider les entreprises à développer leur portefeuille de produits en identifiant les différentes options de croissance qui s'offraient à elles.

La matrice Ansoff se compose de quatre stratégies de croissance possibles, qui sont définies par deux variables : le marché et le produit. Les quatre stratégies sont les suivantes :

- la pénétration de marché ou vendre davantage de produits existants sur un marché existant ;

- le développement de marché ou vendre des produits existants sur un nouveau marché ;

- le développement de produits ou vendre de nouveaux produits sur un marché existant ;

- la diversification ou vendre de nouveaux produits sur un nouveau marché.

La matrice Ansoff est un outil utile pour les entreprises qui cherchent à élaborer une stratégie de croissance cohérente et à long terme. Elle aide les entreprises à comprendre les différentes options de croissance qui s'offrent à elles et à choisir la stratégie la plus appropriée pour atteindre leurs objectifs de croissance.

DESCRIPTION

La matrice Ansoff est un outil de planification stratégique qui permet aux entreprises d'identifier les options de croissance possibles pour leur entreprise en fonction de leur marché et de leurs produits. La matrice se compose de quatre stratégies de croissance possibles, qui sont définies par deux variables : le marché et le produit.

- **La pénétration de marché** : cette stratégie consiste à vendre davantage de produits existants sur un marché existant. L'objectif est d'accroître la part de marché de l'entreprise en vendant plus de produits à ses clients actuels ou en conquérant de nouveaux clients sur un marché déjà existant. Cette stratégie peut être mise en œuvre en réduisant les prix, en améliorant la qualité des produits ou en augmentant les budgets de marketing pour attirer de nouveaux clients.

  Exemple 1 : McDonald's peut mettre en place des offres promotionnelles pour augmenter la fréquence de visites de ses clients actuels et ainsi augmenter leur panier moyen. Elle peut également intensifier ses campagnes publicitaires pour attirer de nouveaux clients.

Exemple 2 : Coca-Cola peut lancer de nouvelles saveurs ou tailles de bouteilles pour encourager les consommateurs à acheter davantage de produits existants. Elle peut également renforcer sa présence dans les points de vente en augmentant la visibilité de ses produits et en proposant des promotions pour stimuler les ventes.

- **Le développement de marché** : cette stratégie consiste à vendre des produits existants sur un nouveau marché. L'objectif est d'étendre le marché géographique de l'entreprise en vendant ses produits dans de nouveaux pays ou régions. Cette stratégie peut être mise en œuvre en identifiant des opportunités de croissance dans des marchés émergents, en nouant des partenariats avec des distributeurs locaux ou en utilisant des canaux de vente en ligne pour toucher de nouveaux clients.

Exemple 1 : Amazon peut étendre sa présence géographique en proposant ses services dans des pays où elle n'est pas encore implantée, ou en élargissant sa gamme de produits proposés sur des marchés déjà existants. Elle peut également nouer des partenariats avec des distributeurs locaux pour accélérer son développement à l'international.

Exemple 2 : Netflix peut proposer des offres adaptées à des publics spécifiques en fonction des caractéristiques des marchés émergents, ou encore créer des contenus originaux adaptés aux goûts locaux. Elle peut également travailler sur des technologies de compression vidéo pour rendre ses services accessibles dans des régions où la connectivité internet est limitée.

- **Le développement de produit** : cette stratégie consiste à vendre de nouveaux produits sur un marché existant. L'objectif est de lancer de nouveaux produits sur le marché pour répondre à des besoins ou à des tendances émergentes. Cette stratégie peut être mise en œuvre en identifiant des opportunités de développement de produits en fonction des besoins des clients, en réalisant des études de marché pour comprendre les tendances du marché ou en créant des partenariats avec des entreprises qui ont des compétences complémentaires.

  Exemple 1 : Apple peut développer de nouveaux produits pour satisfaire les besoins émergents de ses clients, tels que des accessoires pour ses produits phares (casques, claviers, etc.). Elle peut également lancer de nouveaux produits innovants, tels que des montres connectées, pour se démarquer de ses concurrents.

  Exemple 2 : Tesla peut développer de nouveaux modèles de voitures électriques pour répondre à des segments de marché spécifiques, tels que les camions ou les SUV. Elle peut également proposer des services connexes, tels que des bornes de recharge pour véhicules électriques, pour compléter son offre de produits.

- **La diversification** : cette stratégie consiste à vendre de nouveaux produits sur un nouveau marché. L'objectif est d'élargir le portefeuille de produits de l'entreprise en proposant des produits complémentaires ou en entrant sur de nouveaux marchés. Cette stratégie peut être mise en œuvre en réalisant des acquisitions pour acquérir des compétences ou des ressources complémentaires, en utilisant des partenariats stratégiques pour entrer sur de nouveaux marchés ou en créant de nouvelles marques pour commercialiser des produits différents.

Exemple 1 : Samsung a diversifié ses activités en entrant sur le marché des semi-conducteurs, des écrans plats, de l'électronique grand public et des smartphones. Elle peut également envisager de se diversifier davantage en proposant des services connexes, tels que la domotique ou la réalité virtuelle.

Exemple 2 : Nestlé a diversifié ses activités en proposant une large gamme de produits alimentaires, mais également des boissons, des produits de santé et de nutrition, des produits pour animaux de compagnie et des produits pharmaceutiques. Elle peut également envisager de se diversifier dans des secteurs connexes, tels que les produits de beauté ou les services de livraison de repas.

En utilisant la matrice Ansoff, les entreprises peuvent donc identifier les options de croissance qui s'offrent à elles et choisir la stratégie la plus appropriée pour atteindre leurs objectifs de croissance. Toutefois, il est important de noter que chaque stratégie de croissance comporte des risques et des avantages spécifiques, et que la mise en œuvre de chaque stratégie nécessite une évaluation approfondie des ressources, des compétences et des capacités de l'entreprise.

COMMENT UTILISER LA MATRICE ANSOFF

Voici les étapes à suivre pour utiliser la matrice Ansoff.

1. **Comprendre les axes de la matrice Ansoff** : avant de commencer à utiliser la matrice Ansoff, il est important de comprendre les quatre axes de la matrice et les différentes stratégies associées à chaque axe (augmenter les ventes de produits existants sur les marchés existants, vendre des produits existants sur de nouveaux marchés, créer de nouveaux produits pour les marchés existants, créer de nouveaux produits pour de nouveaux marchés).

2. **Analyser la situation de l'entreprise** : avant de choisir une stratégie à utiliser, il est essentiel de comprendre la situation actuelle de l'entreprise. Il est important de connaître les forces et les faiblesses de l'entreprise, ainsi que les opportunités et les menaces du marché.

3. **Identifier les objectifs de l'entreprise** : avant de choisir une stratégie, il est important d'identifier les objectifs de l'entreprise. Ceux-ci peuvent inclure l'augmentation des ventes, la croissance de l'entreprise, l'expansion internationale, etc.

4. **Choisir la stratégie appropriée** : une fois que l'entreprise a compris les axes de la matrice Ansoff, a analysé sa situation et a identifié ses objectifs, elle peut choisir la stratégie appropriée. La stratégie choisie doit être en adéquation avec les objectifs de l'entreprise et avec la situation actuelle de l'entreprise.

5. **Mettre en œuvre la stratégie** : une fois que la stratégie a été choisie, il est temps de la mettre en œuvre. La mise en

œuvre peut nécessiter des ressources supplémentaires, telles que des investissements en R&D, des campagnes publicitaires ou des partenariats avec d'autres entreprises.

6. Évaluer les résultats : une fois que la stratégie a été mise en œuvre, il est important de surveiller et d'évaluer les résultats. L'entreprise doit mesurer l'efficacité de la stratégie en termes de ventes, de parts de marché, de rentabilité, etc. Si les résultats ne sont pas satisfaisants, l'entreprise doit réviser sa stratégie et apporter des ajustements si nécessaire.

AVANTAGES ET FORCES

La matrice Ansoff permet aux entreprises d'évaluer les options de croissance disponibles et de déterminer la stratégie la plus appropriée pour se développer sur le marché. Voici quelques avantages de la matrice Ansoff :

- la matrice Ansoff permet une **analyse complète de l'entreprise** en évaluant les produits existants, les marchés existants et les possibilités de développement de produits et de marchés. Elle aide ainsi l'entreprise à identifier les lacunes et les opportunités, et à choisir la stratégie la plus appropriée pour atteindre ses objectifs de croissance ;

- la matrice Ansoff permet aux entreprises de se concentrer sur leur **orientation stratégique** en déterminant la meilleure façon d'utiliser leurs ressources pour se développer sur le marché. Elle fournit un cadre pour évaluer les options de croissance et permet à l'entreprise de sélectionner la meilleure stratégie en fonction de ses objectifs de croissance ;

- la matrice Ansoff aide les entreprises à **diversifier leurs activités** en explorant de nouveaux produits et de nouveaux marchés. Elle aide ainsi à réduire les risques liés à la concentration sur un seul marché ou à un seul produit ;

- la matrice Ansoff encourage les entreprises à **innover** et à explorer de nouvelles idées pour se développer sur le marché. Elle encourage les entreprises à investir dans la recherche et le développement de nouveaux produits et de nouvelles technologies pour répondre aux besoins des clients ;

- la matrice Ansoff aide à **améliorer la prise de décision** en fournissant des options claires pour la croissance de l'entreprise. Elle permet aux décideurs de comprendre les risques et les avantages de chaque option et de choisir la stratégie la plus appropriée pour atteindre les objectifs de croissance de l'entreprise.

Inconvénients et limites

Voici quelques-uns des inconvénients et des limitations de la matrice Ansoff auxquels il est important de rester vigilant lors du recours à la matrice :

- la matrice Ansoff se concentre principalement sur les produits et les marchés de l'entreprise, elle **ne prend pas en compte les facteurs externes** tels que la concurrence, les réglementations, l'économie, les tendances du marché, etc. Ces facteurs peuvent avoir un impact important sur la croissance de l'entreprise et doivent être pris en compte dans la stratégie de développement ;

- la matrice Ansoff **n'est pas adaptée à toutes les entreprises.** Elle est conçue pour les entreprises qui cherchent à se développer en exploitant des produits et des marchés existants ou en explorant de nouveaux produits et marchés. Cela peut ne pas convenir à toutes les entreprises, en particulier celles qui ont des modèles commerciaux uniques ou qui opèrent dans des secteurs en constante évolution ;

- la matrice Ansoff **peut ne pas tenir compte de coûts** associés à chaque option de développement, tels que les coûts de recherche et développement, les coûts de marketing, les coûts de production, etc. Cela peut entraîner des décisions stratégiques qui sont trop coûteuses ou qui ne tiennent pas compte de la rentabilité ;

- la matrice Ansoff **fournit une analyse limitée des risques** associés à chaque option de développement. Les risques, tels que les risques financiers, les risques de marché, les risques opérationnels, etc., doivent être pris en compte pour évaluer la faisabilité et la rentabilité de chaque option ;

- la matrice Ansoff est **peu adaptée aux entreprises en phase de démarrage**. Celles-ci peuvent ne pas avoir de produits ou de marchés existants à exploiter, ce qui rend la matrice Ansoff moins utile. Ces entreprises peuvent nécessiter une analyse différente pour déterminer leur stratégie de croissance.

Voici aussi certains éléments non pris en compte par la matrice Ansoff :

- **la mise en œuvre** de certaines options de développement **peut être complexe sur le plan organisationnel**, notamment en termes de structure, de processus et de ressources.

La matrice Ansoff ne prend pas en compte ces considérations, ce qui peut entraîner des difficultés lors de la mise en œuvre de la stratégie de développement;

- la matrice Ansoff **ne prend pas en compte les synergies potentielles** entre les différentes options de développement **et les impacts directs ou indirects**. Par exemple, une entreprise qui développe un nouveau produit peut également avoir l'opportunité d'explorer de nouveaux marchés pour ce produit. En ne prenant pas en compte ces synergies, l'entreprise peut manquer des opportunités importantes de croissance;

- les différences culturelles entre les marchés peuvent avoir un impact important sur la réussite d'une stratégie de développement. La matrice Ansoff **ne prend pas en compte ces différences culturelles**, ce qui peut entraîner des échecs dans les marchés étrangers;

- la matrice Ansoff est un outil statique qui **ne prend pas en compte l'évolution des produits et des marchés au fil du temps**. Les entreprises peuvent avoir besoin d'ajuster leur stratégie de développement en fonction de l'évolution des conditions du marché, ce qui peut nécessiter une réévaluation constante de la stratégie;

- l'utilisation de la matrice Ansoff **peut conduire à une concentration excessive sur la croissance**, au détriment d'autres objectifs tels que la rentabilité, la durabilité et la responsabilité sociale de l'entreprise. Les entreprises doivent garder à l'esprit ces autres objectifs importants lors de la planification de leur stratégie de développement.

ALTERNATIVES ET MODÈLES COMPLÉMENTAIRES

Il existe plusieurs modèles complémentaires à la matrice Ansoff, qui peuvent aider à approfondir la compréhension de la stratégie de croissance et à élaborer des stratégies plus précises. Voici quelques exemples de modèles complémentaires :

- le **modèle BCG** (Boston Consulting Group) permet d'évaluer la position concurrentielle de chaque produit ou service d'une entreprise en fonction de sa part de marché relative et de son taux de croissance. Cela aide à déterminer quelle part de la croissance de l'entreprise est due à chaque produit ou service ;

- le **modèle de la chaîne de valeur de Michael Porter** permet d'identifier les activités qui créent de la valeur pour l'entreprise et pour les clients. Cela peut aider à déterminer où investir pour maximiser la valeur ajoutée pour l'entreprise ;

- l'**analyse SWOT** (*Strengths*, *Weaknesses*, *Opportunities and Threats*) permet d'identifier les forces et les faiblesses internes de l'entreprise ainsi que les opportunités et les menaces externes. Cela peut aider à élaborer des stratégies de croissance en se concentrant sur les points forts de l'entreprise tout en minimisant les faiblesses ;

- l'**analyse PESTEL** (Politique, Économique, Socioculturel, Technologique, Environnemental, Légal) permet d'identifier les facteurs externes qui influencent l'environnement de l'entreprise. Cela peut aider à élaborer des stratégies de croissance en prenant en compte les tendances du marché et les changements environnementaux ;

- le **modèle de la courbe d'expérience** permet d'identifier la relation entre les coûts et la production d'un produit ou d'un service. Cela peut aider à élaborer des stratégies de croissance en optimisant les coûts et en maximisant la production.

Ces modèles complémentaires peuvent aider à compléter l'analyse de la matrice Ansoff et à élaborer des stratégies de croissance plus efficaces. Il est important de comprendre que chaque modèle a ses avantages et ses limites, et que leur utilisation doit être adaptée à la situation de chaque entreprise.

APPLICATIONS

Étude de cas 1 : Microsoft

Microsoft est une entreprise technologique diversifiée qui opère dans plusieurs secteurs, notamment les logiciels, les services en nuage, les consoles de jeux et les produits matériels tels que les ordinateurs portables et les tablettes. L'entreprise a connu un grand succès dans ses domaines d'activité traditionnels, mais elle a également exploré de nouveaux marchés et produits au fil des ans. Voyons comment nous pourrions utiliser la matrice Ansoff pour analyser les différentes options de développement de Microsoft.

1. *Pénétration de marché* : dans le domaine des logiciels, Microsoft a déjà une forte part de marché. Pour augmenter cette part de marché, Microsoft peut adopter une stratégie de pénétration de marché en augmentant ses ventes auprès des clients existants en offrant des produits complémentaires tels que des mises à jour de logiciels, des services de support et des produits matériels compatibles.

2. *Développement de marché* : Microsoft peut également chercher à élargir sa base de clients en s'attaquant à de nouveaux marchés géographiques ou en ciblant de nouveaux segments de marché pour ses produits. Par exemple, Microsoft a lancé sa console

de jeux Xbox en Chine en 2014, ouvrant ainsi un nouveau marché pour cette gamme de produits.

3. *Développement de produit*: Microsoft peut chercher à étendre sa gamme de produits et services existants. Par exemple, Microsoft a introduit de nouveaux services de *cloud computing* tels qu'Azure, ainsi que des produits tels que le Surface Pro, un hybride d'ordinateur portable et de tablette.

4. *Diversification*: Microsoft peut chercher à se diversifier dans de nouveaux secteurs d'activité qui ne sont pas liés à ses produits et à services existants. Par exemple, Microsoft a acquis LinkedIn en 2016, qui est une plate-forme de réseautage social professionnelle, pour se diversifier dans le domaine des ressources humaines et du recrutement.

L'utilisation de la matrice Ansoff peut aider Microsoft à évaluer les différentes options de développement et à élaborer une stratégie de croissance appropriée en fonction de ses ressources, de ses compétences et de ses objectifs à long terme. Cela peut également aider l'entreprise à identifier les risques et les opportunités associés à chaque option et à choisir la meilleure option pour atteindre ses objectifs de croissance.

Étude de cas 2 : Tesla

Voici une application possible de la matrice Ansoff à Tesla.

1. *Stratégie de pénétration de marché*: Tesla pourrait utiliser une stratégie de pénétration de marché en se

concentrant sur l'augmentation de sa part de marché dans le segment des voitures électriques existantes. Cette stratégie pourrait impliquer la baisse des prix des modèles actuels de Tesla pour rendre les voitures électriques plus abordables pour un plus grand nombre de consommateurs, ainsi que des investissements dans des campagnes publicitaires pour sensibiliser davantage de personnes aux avantages des voitures électriques.

2. *Stratégie de développement de produits* : une autre option pour Tesla serait de se concentrer sur le développement de nouveaux produits, tels que des camions et des fourgonnettes électriques, qui répondent aux besoins des entreprises et des consommateurs qui ont besoin de plus d'espace de chargement. Cette stratégie pourrait également inclure le développement de technologies de conduite autonome pour améliorer la sécurité et l'efficacité de la conduite de ces nouveaux véhicules.

3. *Stratégie de développement de marché* : Tesla pourrait envisager une stratégie de développement de marché en se concentrant sur l'expansion de sa présence géographique et en ouvrant de nouveaux marchés internationaux. Cette stratégie pourrait impliquer des investissements dans des infrastructures de recharge, des partenariats avec des entreprises locales pour la distribution et la maintenance des véhicules et des campagnes de marketing ciblées pour éduquer les consommateurs sur les avantages des véhicules électriques.

4. *Stratégie de diversification* : Tesla pourrait envisager une stratégie de diversification en se concentrant sur le développement de nouveaux produits ou services non liés à l'industrie automobile. Par exemple, Tesla pourrait se lancer dans la production et la vente de panneaux solaires ou de batteries de stockage d'énergie pour les foyers et les entreprises, ou encore offrir des services de mobilité électrique tels que des applications de covoiturage ou des services de location de voitures électriques.

Il est important de noter que ces options de développement ne sont pas mutuellement exclusives et que Tesla pourrait choisir de mettre en œuvre plusieurs d'entre elles simultanément pour atteindre ses objectifs de croissance à long terme. De plus, l'utilisation de la matrice Ansoff est un point de départ pour l'analyse stratégique, et d'autres facteurs tels que les tendances du marché, les forces concurrentielles, les contraintes financières et opérationnelles, les réglementations gouvernementales et les préférences des consommateurs devraient également être pris en compte pour prendre des décisions stratégiques bien informées.

 Il est difficile de trouver un exemple d'entreprise où la matrice Ansoff n'a pas été efficace, car c'est un outil largement utilisé et flexible, qui peut être adapté à différents contextes et situations. Cependant, il y a des cas où la matrice Ansoff peut ne pas être suffisante pour évaluer complètement les options de développement d'une entreprise.

Par exemple, si une entreprise opère dans un secteur très volatil ou en constante évolution, la matrice Ansoff pourrait ne pas tenir compte de la rapidité avec laquelle les conditions du marché peuvent changer. De plus, si une entreprise a des ressources limitées, la matrice Ansoff pourrait ne pas être en mesure de fournir des informations suffisantes pour choisir les options de développement les plus appropriées. Dans ces cas, il peut être nécessaire d'utiliser des outils d'analyse supplémentaires pour évaluer les risques et les opportunités associés à chaque option de développement.

Il est également important de noter que la matrice Ansoff ne prend pas en compte les facteurs externes tels que les réglementations gouvernementales, les politiques économiques, les pressions concurrentielles, les facteurs culturels, etc., qui peuvent avoir un impact significatif sur la performance de l'entreprise. Par conséquent, il est important de prendre en compte ces facteurs externes lors de l'utilisation de la matrice Ansoff pour évaluer les options de développement d'une entreprise.

POUR ALLER PLUS LOIN

Voici quelques lectures qui pourraient vous aider à approfondir votre compréhension de la matrice Ansoff et de la stratégie de croissance en général, en offrant différentes perspectives et approches pour aborder ce sujet complexe.

- *Corporate Strategy* de Igor Ansoff. C'est l'article fondateur de la matrice Ansoff, publié dans la Harvard Business Review en 1957.

- *Stratégie Océan Bleu : comment créer de nouveaux espaces stratégiques* de W. Chan Kim et Renée Mauborgne. Ce livre propose une approche différente de la stratégie de croissance, en se concentrant sur la création de nouveaux marchés plutôt que sur la concurrence sur les marchés existants.

- *Stratégie d'entreprise* de Michael Porter. Ce livre est un classique dans le domaine de la stratégie d'entreprise et offre une perspective plus large sur la stratégie que la seule croissance.

- *Marketing Management* de Philip Kotler et Kevin Keller. Ce manuel de marketing présente la matrice Ansoff comme l'un des outils de base pour la stratégie de croissance.

- *Stratégie de croissance : comment les leaders mondiaux créent l'avenir* de Richard Rumelt. Ce livre examine les différentes stratégies de croissance utilisées par les entreprises du Fortune 500 et fournit des conseils pratiques pour élaborer des stratégies de croissance efficaces.

- *Strategic Market Management* de David Aaker. Ce livre présente la matrice Ansoff comme l'un des nombreux outils utiles pour la gestion stratégique des marchés.

CONCLUSIONS ET RECOMMANDATIONS D'USAGE

La matrice Ansoff est un outil utile pour aider les entreprises à définir leur stratégie de croissance en identifiant les différentes options de développement possibles. Elle permet d'explorer les quatre axes de développement, que sont la pénétration de marché, le développement de produits, le développement de marché et la la diversification.

Cependant, la matrice Ansoff présente également des limites et des inconvénients, tels que la simplification excessive de la complexité de l'environnement concurrentiel et la nécessité d'autres analyses complémentaires pour prendre des décisions stratégiques bien informées.

Voici quelques recommandations pour utiliser la matrice Ansoff de manière efficace :

- considérez la matrice Ansoff comme un outil de base pour orienter la réflexion sur la stratégie de croissance, mais utilisez-la conjointement avec d'autres outils d'analyse tels que l'analyse SWOT, l'analyse de la chaîne de valeur, l'analyse PESTEL, entre autres ;

- évaluez la pertinence de la matrice Ansoff pour votre entreprise, en fonction de sa taille, de son secteur d'activité, de son marché et de ses objectifs de croissance.

En résumé, la matrice Ansoff est un outil intéressant pour stimuler la réflexion stratégique en matière de croissance, mais doit être utilisée avec prudence et complétée par d'autres analyses pour prendre des décisions stratégiques éclairées.

Votre avis nous intéresse !
Laissez un commentaire sur le site de votre librairie en ligne
et partagez vos coups de cœur sur les réseaux sociaux !

L'éditeur veille à la fiabilité des informations publiées, lesquelles ne pourraient toutefois engager sa responsabilité.

www.50minutes.com

ISBN version numérique : 9782808696333
ISBN version papier : 9782808695831
Dépôt légal : D/2023/12603/1958

Couverture : © Primento

Conception numérique : Primento, le partenaire numérique des éditeurs